GÉNÉALOGIE

DES

ANCIENS SEIGNEURS

DE NOGENT

ET DE LEUR DESCENDANCE

Par le P. VIGNIER

PUBLIÉE ET ANNOTÉE

PAR

ARTHUR DAGUIN

Deuxième édition

ARCIS-SUR-AUBE

LÉON FRÉMONT, IMPRIMEUR-ÉDITEUR

1884

GÉNÉALOGIE
DES ANCIENS SEIGNEURS DE NOGENT

ET

DE LEUR DESCENDANCE

par le P. VIGNIER [1].

Nogent dit aussy le Roy et en Bassigny, qui est une autre prévosté de plus grande estendue [2] ayant sous soy 38 villages, entre autres, Clémont, Lanques, Dampierre, etc., est une petite ville avec double faubourg, l'un en haut, l'autre en bas ; défendue d'un chasteau asses bon dans lequel il y a en temps de guerre garnison entretenue. Au bas est un prioré sous le titre de S. Germain, de la fondation des anciens seigneurs du lieu, et relevant comme l'autre [3] de S. Benigne de Dijon ; mais l'église paroissiale est en haut. Les Anglois s'estant saisis de ces postes du temps du roy Jean firent beaucoup de mal à tout le voisinage et estendirent leurs courses jusques à Troyes.

Ce lieu a eu durant plusieurs siècles des seigneurs particuliers dont je puis mieux représenter la suitte que la filiation, encore que l'une se conjectureroit de l'autre. Il y en a qui disent que ceste ville avec son ressort dominial fut confisquée par le roy à cause de félonie sur l'un des seigneurs, et l'autheur de la *Chronique de Grancey*, qui a écrit des railleries aux despens de qui bon luy a semblé, adjoute que ceux de ceste maison n'ont jamais, en toute leur vie, fait rien qui vaille. Nous verrons la vérité du contraire en leurs saintes donations, et comme Thibault, roy de Navarre et comte de Champagne, acquit l'an 1252 par achat et permutation ceste terre et ville de ceux qui la possédoient.

Le plus ancien seigneur de Nogent, dont nous ayons connoissance est un Renier, qui fut tesmoin en une charte en faveur de S. Benigne l'an 1066, approuva environ l'an 1100 les donations qui avaient esté faites par divers au prioré de

---

1. *Décade historique du diocèse de Langres*, t. 2, f‑ 9417 à 9423. — Manuscrit du P. Vignier en 2 volumes in-folio ; Bibliothèque nationale, fonds français, n‑ 18717 et 18718.

2. Le P. Vignier avait parlé précédemment de la prévôté de Montigny.

3. Le prieuré de Montigny.

Varennes nouvellement fondé, et luy-mesme en fit de sa part, de l'adveu de Barthélemy, son fils, lequel devait avoir, dès-lors pour le moins 20 ans. Le mesme Renier, seigneur de Nogent, donna encore aux abbé et religieux de Molesmes pour la dotation du prioré de Varennes la seigneurie et les dixmes de Coiffy-la-Ville et de Vic, le 1er d'aoust 1101, par titre qui est au prioré de Varennes.

Gislebert de Nogent, l'un des bienfaiteurs d'Aulberive en l'année 1135, peut estre son nepveu ou son second fils. Je conjecture que sa femme[1] a esté Adelinde de Choiseul.

Hugues et Willenc de Nogent, chevaliers, sont mentionnés comme tesmoins en un acte passé à Rolantpont environ l'an 1140 dans le cartulaire de S. Etienne de Dijon.

Ledit Barthélemy qualifié seigneur de Nogent, fit un autre don considérable à l'abbaye de le Creste en 1128 : il approuva en 1161 et 1180, si pourtant c'est le mesme, pareilles libéralités que divers gentilshommes, partie ses parents, partie ses sujets, firent à la mesme abbaye. En 1168 il intervint comme tesmoin en un jugement rendu à Langres par l'évesque Gauthier. En 1171, Bertin, prieur de Nogent, estant tesmoin dans un autre don, nous fait connoistre que le prioré estoit de plus vieille date et probablement environ l'an 1000, puisque la plus part des autres de l'abbaye de S. Benigne ont esté fondés ou establis en ce temps-là, comme la *Chronique* le donne à entendre. De ce que je viens de dire j'ai grande répugnance à ne connoistre qu'un Barthélemy seigneur de Nogent, vu qu'il faudroit conséquemment dire que celuy qui a ratifié avec son père en 1100 les donnations et aumosnes faites à Varennes, eust vescu pour le moins 100 ans, s'il a ratifié en 1180 celle de la Creste. Il me semble donc plus raisonnable d'en faire deux et de prendre le dernier pour le fils du premier qui a paru en 1100 et 1128, comme l'autre en 1161 et 1180.

En ce mesme siècle vivoient d'autres gentilshommes du surnom de Nogent, parents des précédents, comme issus de mesme souche, entr'autres Haimeric mentionné par l'évesque Godefroy dans une charte d'environ 1145 avec les bienfaiteurs de Morimont, et en une autre de 1160, Hemery, Thibault de Nogent, en 1160, Jean, Guy de Nogent, fils de Thibault de Nogent, surnommé Rufin, et Jocelin de Nogent, qualifié chevalier, faisant tous des gratifications à l'abbaye de la Creste, comme encore un nommé Cavet de Nogent, prévost de Nogent mesme, mentionnés ès années 1161 et 1188.

---

1. Le P. Vignier parle ici de la femme de Renier.

Ledit Haimeric ou Hemery de Nogent donna de son chef au monastère un bien appelé les Quartiers du consentement de sa femme Hanide ou Havoye et de leurs enfants Geofroy, Drogon, d'église ou clerc, Hanide, Agnès et Hudrarde, ce que Barthélemy, seigneur de Nogent, approuva et Pierre de Nogent, prestre, avec Clarez, son frère, en 1180.

De Barthélemy I⁰ʳ semblent estre sortis trois fils : Renier II, seigneur de Nogent, et ses frères Henry et Barthélemy, chevaliers, allégués pour tesmoins vers l'an 1190 en un titre de l'abbaye d'Aulberive. Ledit Renier est dans la liste des chevaliers bannerets qui assistèrent le roy Philippe-Auguste en ses guerres. En ce mesme temps, le mesme est nommé avec Mahaut, sa femme, comme bienfaiteurs de l'hospital de Tronchoy par titre de l'an 1180. Duquel Renier II ou de Henry sont venus : Renier III, seigneur de Nogent, et André, son frère, pour lesquels le martyrologe ou nécrologe du Val des Escholiers certifie que l'on fait prier comme pour insignes bienfaiteurs. L'un et l'autre est mentionné en des titres de l'an 1206 et 1208, et Renier spéciallement ayant quitté l'an 1206 ou 1216 à l'évesque Robert II un droit qu'il avait de prendre 10 livres toutes et quantes fois que l'on créoit un prévost à Langres, et un autre droit de giste à Dampierre pour luy, ses chevaliers et ses gens, ce qu'il fit du consentement de Mahaut sa femme, et de leurs enfants André et Barthélemy, Gauthier et Guy. Il est encore nommé en un acte d'environ l'an 1220 pour les dames de Poulangey, et en un autre de 1221 en faveur du Val des Escholiers ; il est en un accomodement qu'il fist avec la maison et les religieux hospitaliers de Tronchoy en 1222, et la mesme année il fist une remarquable largesse de 40 bichets de froment de rente aux chevaliers du Temple qui estoient à Corjubin.

Ledit Renier III eust encore un frère nommé Jean, lequel probablement ayant espousé l'héritière de Lanques, ou en estant fils et peut-estre d'un autre lict que ses frères de père, eust la seigneurie de Lanques avec ses appartenances et en prit le surnom. Cela se justifie par divers actes et spéciallement le don d'une émine de blé de rente sur les dixmes d'Ys en Bassigny que ledit Jean fit aux religieux du Val en 1223 à condition de prier Dieu pour l'âme de feu Renier son frère, seigneur de Nogent, fraichement deffunct. Ces trois frères avaient apparemment une sœur nommée Elizabeth, fille du seigneur de Nogent, laquelle eust son partage sur Charmoilles et fut mariée à Guy de la Roche, seigneur de Chastillon-sur-Saône, par titre de 1128.

Ledit Renier III apparemment laissa un fils nommé Renier IV, seigneur de Nogent; en l'an 1225 il renonça en faveur de Hugues, évesque de Langres à ce qu'il possédait à Dampierre et à Neuilly, en l'an 1232 ratifia une vente au profit du Val des Escholiers, et en un autre acte de la mesme année, du consentement de Marguerite, sa femme, il engagea aux prieur et couvent du Val les dixmes de Provanchères; cette mesme année encore ou la suivante, le comte de Champagne, qui estoit Thibault, depuis roy de Navarre, ayant assiégé le chasteau de Nogent-en-Bassigny, ainsi que remarque le moine Albéric en sa chronique, et Renier ne paroissant plus depuis, apparemment fut tué en ce siége et laissa sa succession à André, son frère, qualifié seigneur de Nogent aussy bien que Renier IV son frère dans le martyrologe du Val. Apparemment la présomption de ce Renier IV fut cause que le comte Thibault mit le siége devant son chasteau et qu'ayant eu peine de l'emporter, il se résolut puis après de l'avoir en propre à quelque prix que ce fust pour le soumettre à son baillage de Chaumont nouvellement estably, auquel peut-estre il ne répondoit pas auparavant. Et ce fut encore probablement de luy que l'autheur du Roman de Grancey entendit parler, quand il escrivist ce que nous avons remarqué cy-dessus.

Quoy qu'il en soit, André Ier du nom s'intitula dès lors seigneur de Nogent et eut deux frères survivants à Renier IV, Gauthier et Barthélemy. André ou Andriet comme principal seigneur de Nogent vendit ou eschangea cette belle terre ou chastellenie avec Thibault, alors roy de Navarre, laquelle il incorpora et mit en son comté de Champagne en l'an 1252 [1]. Ce prince transigea avec André et ses frères de cette sorte comme il est rapporté dans le cartulaire de Champagne suivant le mémoire que M. de Villeprouvée, conseiller du roy et esleu à Troyes m'a envoyé en 1659, qu'il bailla à André la terre de Chapellaines et autres fiefs pour la somme de 120 livres de rente, à la tenir en baronnie; à son frère Barthélemy 80 livres de rente assises sur Dronay et les environs, et à Gauthier à peu près pareille somme; outre ce, le comte-roy leur donna encore 1,000 livres en argent, qui estoit alors une grande somme, sçavoir 500 pour une debte de feu leur père deue au chapitre de Langres, 400 à André et 100 à Barthélemy; et depuis ce temps, il n'y eust plus d'autres seigneurs de Nogent

---

1. C'est en 1234, et non, comme dit Vignier, en 1252, que le comte Thibaut réunit Nogent à son domaine, puisque la chronique d'Albéric rapporte que Thibaut fit réparer le château de Nogent en 1235.

que les comtes de Champagne, auxquels nos rois ont succédé :
ceux pourtant qui estoient issus de ces anciens seigneurs, en
retinrent le surnom et leur postérité après eux.

J'ay opinion que d'André sera sorty quelque fils qui fut
seigneur et baron de Chapelaines, qui aura provigné en ce
quartier là les nom et race de Nogent ; et je doute si le nommé Vienet de Nogent, que je trouve avoir esté chastelain de
Nogent et bailly de Chaumont par plusieurs titres de 1260 et
1266 depuis estoit l'un de ses fils, plustot que l'un de ses
nepveux, fils de Barthélemy ou de Gauthier. Mais je tiens
pour certain que ledit Barthélemy, frère d'André, aura esté
seigneur en partie d'Espinant, mentionné dans une charte
d'environ l'an 1300, et dans une reprise de fief de 1306 ; et
peut-estre qu'il eust encore d'autres enfants, spéciallement
Guillaume de Nogent, surnommé de Lounoy, garde du scel de la
prévosté de Nogent, décédé l'an 1341, puisque Jacquin de
Nogent est déclaré fils dudit feu Guillaume en une acquisition
que Guyot ou Guy, seigneur de Clémont, fit au mois de janvier
de l'an 1311 qui devoit estre 1312 à prendre le commencement
des années à la mode d'à présent. Un autre Guillaume de Nogent nommé en 1332, peut avoir esté frère de Jacquin et fils
dudit Guillaume dit de Lounoy.

Mais je me persuade que Thibault de Nogent, marié avec
Marguerite, héritiere de Lanques et chef d'une postérité considérable a esté fils de Vienet et peut-estre de la fille d'un Simon
Rebille, riche bourgeois de Langres qui acheta une partie de
la seigneurie de Sacquenay en 1273 : j'ay vu parmy les papiers
et vieux parchemins du chasteau de Moigneville un acte qui
porte ces mots : « Erard, chevalier, sire de Jaucourt à Vautier
dou Mont, escuier, fils feu Monsignor Jehan de Loinques jadis
chevalier, salut. Sçavoir vous fais que j'ay vendu perpétuelle-
ment à Thibault Rebille de Nogent-en-Basiné, escuier et à
D^{lle} Guillemette, sa femme, et à leurs hoirs tout ce que j'avois
et pouvois avoir en la ville de Loinques ou finage et ès appartenances d'icelle ville. Si vous pris que nous vuillez entrer en
foy et hommage dudit Thibault de tout ce que vous tenez en
ladite ville qui meut de mon fié pour cause de la forte maison ;
et tout ce que vous en tenez à Bielles et à Is et à Novel. Soubs
mon scel lou vendredy après les bordes l'an de grace mil CCC
diz sept. » — Dans le sceau demy rompu se voyent deux léo-
pards l'un sur l'autre.

De ce Thibault Rebille vindrent probablement 1° Simon, surnommé comme luy de Nogent et Rebille, mentionné en 1352,

lequel je trouve avoir été aussy appelé Samson et avoir épousé
Jolande de Chastillon-sur-Seine[1] nommée Julienne en un titre
de l'an 1379, décédé sans enfant en 1382, à raison de quoy
il y eût procès pour sa succession entre Enguerrand de Eudin,
seigneur de Chasteau-Vilain, qui semble avoir espousé sa sœur,
Jean-le-Riche de Langres, Bertrand de Gié, Thibaut Rebille,
écuiers et autres, en ceste mesme année 1382.

2° Jean de Nogent surnommé Cornu par sobriquet, rede-
vable de la tonsure d'un bois à la dame abbesse de Poulangey,
père ou ayeul d'un autre Jean de Nogent, escuier, seigneur de
Thivet, garde du scel de la prévosté de Nogent en 1407.

3° Un Thibaut II de Rebille, seigneur de Four et vicomte de
Bar-sur-Seine, lequel vendit cette terre avec la vicomté qui
luy estoit annexée à Jean de Gray, seigneur de Villebertin en
1385, et 4° Sance de Nogent, seigneur de Buxières, d'Ys.

J'ay opinion que ledit Simon a esté celuy qui espousa Marguerite de Chaumont, laquelle estant veuve se trouve qualifiée
femme de feu noble et puissant seigneur Simon de Nogent,
escuier, en des actes de 1382 et 1386.

Dudit Simon et de ladite dame Marguerite de Chaumont
sortit probablement un autre Simon II dit de Nogent, qualifié
escuier, seigneur d'Escots, d'Ys et autres lieux, garde du scel
de la prévosté de Nogent en une reprise de fief qu'il fist pour
Ys en Bassigny, partageant avec Sance de Nogent, son oncle,
seigneur de Buxières et en la déclaration qu'il en donna en 1390
le jour de la St Jean-Baptiste; item en un acte pour Poulangy
en l'an 1393, et un autre de l'an 1407, il est déclaré comme
dessus avoir esté jadis seigneur de Bloise ou Blaize, de la Ge-
nevroye, de Mirebel, et de beaucoup d'autres lieux, puisque
Simonne, sa fille, les possédait. Voicy la copie de cet acte im-
portant dont j'ay vu l'original à Blaise, chez M. le marquis
de Renel en 1658 :

« Vindrent en leurs personnes noble homme messire Guillaume, bastard de Poitiers, seigneur de Soyant, chevalier,
chambellan du roy nostre sire, madame Isabelle d'Aunoy, sa
femme; noble homme Simon de Bourmont, escuier d'escurie
du roy nostre dit sire et son bailly de Troyes, D[lle] Gauchere
d'Aunoy, sa femme et madame Marguerite d'Aunoy veuve de
feu messire Liebaut de Baudricourt, jadis chevalier, héritiers

----

1. Ce n'est pas Simon de Nogent, mais Sanche, son troisième frère, qui
épousa Yolande. Du reste. le P. Vignier dit plus loin que Simon eut pour
femme Marguerite de Chaumont, *alias* Des Champs.

et héritières seuls et pour le tout de feu noble D[lle] Symonne
de Noigent, jadis femme de feu messire Hutin d'Aunoy, conseiller du roy nostre sire, et ont fait les partages suivants,
sçavoir : que madame Isabelle aura la maison séant à Chaumont en Chaude rue et la maison des champs séant au bourg
dudit Chaumont, de lez la porte de Villers. « Item, en
ce que ladite damoiselle possédoit ès fours dudit Chaumont
et les censives que ladite dame Marguerite de Chaumont
possédoit de son vivant avec Jean, seigneur de Loinques,
comme porte la charte sus alléguée du 13 février 1386. Item le
moulin de Reclancourt, les près, vignes, etc. Item ce que avoit
à Oudival excepté ce qui lui estoit avenu par le trespas de Jean
de Loinques et ce qu'elle de son vivant a assigné pour la fondation ou anniversaire de feu messire Simon de Noigent son
père. Item toute la terre et seigneurie de Miriel[1]. Et ladite
D[lle] Gauchère pour son partage a remporté les villes de la Ge-
nevroye et de Mirebel ; item ce que la défuncte avoit à Ys en
Bassigny, à Saint-Martin, à la Villeneuve-sous-Monterie et à
Chaumont venant de Jean, seigneur de Lanques. Et madame
Marguerite a remporté pour son partage la ville de Blaise, la
fort maison dudit Blaise et autres héritages assis au finage de
Bracancourt et de Gondrecourt dit aux Orves qui est près de
là. Ce fait à Chaumont le 24 juillet 1407. »

Duquel partage il appert que les grands biens appartenoient
à ladite Simonne tant de son chef que du costé de Hutin
d'Aunoy son mari, probablement à elle assignés par une dona-
tion mutuelle faite entre vif au survivant. De là nous pouvons
encore conjecturer que Hutin d'Aunoy estoit descendu de
Guillaume de Nogent surnommé de Launoy[2] ou d'Aunoy, duquel nous avons parlé par cy-devant, et plus assurément nous
apprenons ce je que remarque ailleurs que le fameux Robert
de Baudricourt, en son vivant seigneur de Blaise, fut fils ou
nepveu du susdit Liébaut et héritier de ladite Simonne de
Nogent. De Hutin d'Aunoy peut estre descendu Jean d'Aunoy
qui comparust à une revue de la noblesse du baillage de
Chaumont faite en 1470.

Dudit Simon de Nogent ou de Sance, son oncle, ou plustot
de Jean de Nogent, seigneur de Tivet, peut estre un autre Sy-
mon de Nogent, IIIe du nom, seigneur d'Ys en Bassigny, de
Thivet, en 1434 ; lequel je trouve avoir esté marié avec Nicole
de Vilainecourt et en avoir eu deux fils et deux filles ainsi que

1. Je pense, dit Vignier, qu'il faut lire Mirebel entre Blaise et Vignory.
2. *Alias* Lounoy.

le porte un recueil manuscript du sieur Charpy, jadis advocat à Langres, puis lieutenant particulier au bailliage de Bar-sur-Seine. Ledit Simon fut encore seigneur de Louvières qu'il vendit à Estienne Siclier, seigneur de Chalencey, lequel avoit épousé Catherine de Sacquenay, niepce de Simon. Les fils du susdit Simon, Jacob et Jean de Nogent, les filles, Simonne, mariée à un de Baudricourt, (si ce n'est qu'on la confonde avec la susdite Simonne, femme de Hutin d'Aunoy), et Roline, femme de N. de Lanques. Apparemment le susdit Jacob, fils ainé de Simon III, fut seigneur de Thivet et autres lieux, sur lequel ou par la volonté duquel la terre de Thivet aura esté vendue à Nicolas de Saint-Belin.

Jean de Nogent fut celui qui parut l'an 1470 à la susdite revue de la noblesse, et le recueil du sieur de Charpy porte qu'il eut à femme Alix de Nicey, laquelle lui engendra un fils, nommé Simon IV, et deux filles, Guillemette, dame d'Ys et femme de Jean de Saquenay, seigneur de Couppey ou Coupperey, et Françoise, épouse de Claude Siclier, seigneur de Chalencey.

Ledit Simon, IVe du nom, épousa Ricarde de Beurville et en eut deux filles : Isabeau, femme de Henry Dorsart, et Guiette, mariée à Simon de Cuissy ou de Curcey.

De Simon II, et peut-être de Sance, vint Regnaud de Nogent convoqué avec ses semblables à l'assemblée et revue du Bassigny en 1470, où, n'ayant pas comparu, ses fiefs aussi bien que ceux de beaucoup d'autres furent confisqués à la requeste du procureur du roy desquels il eut puis après main levée. Ces fiefs apparemment furent Aubeterre, Villaubois, Balo, Arentières, qui vindrent depuis à François de Nogent, escuyer, seigneur d'Aubeterre ou Aubtrey, terre mouvante de l'abbaye de Pothières, de Villaudes, de Balo, etc., lequel donna sa déclaration au bailliage de Chaumont en 1540.

C'est dans le recueil du sieur de Charpy, dans une généalogie de la maison de Bouvot et en quelques églises et maisons particulières de Langres, que l'on voit les armes de ces sieurs et dames du nom de Nogent, qui sont de *gueules à un chevron d'argent ;* en d'autres endroits c'est un *chevron d'or,* et ailleurs c'est *d'argent à un chevron de sable.* Toutefois nous avons remarqué cy-dessus que les armes des anciens seigneurs de Nogent estoient *un lion.*

Arcis-sur-Aube. — Léon FRÉMONT, imprimeur breveté.